TDAH CHEZ L'ADULTE

Un guide pour comprendre et gérer le TDAH chez les adultes

Amanda Allan

CONTENTS

INTRODUCTION

Dans un monde construit pour, par et autour des adultes neurotypiques, les personnes atteintes de troubles neurodéveloppementaux ont souvent du mal à s'en sortir. Il incombe toujours aux personnes marginales de comprendre et de s'intégrer dans un monde qui n'a guère de sens pour elles.

La communauté scientifique et psychiatrique ne comprend pas encore toutes les subtilités de la santé mentale. Par exemple, le TDAH n'a été reconnu comme un trouble mental que dans les années 1960. La recherche sur ce trouble a beaucoup progressé, mais de nombreux obstacles restent à franchir.

Aux États-Unis, 4,4 % des adultes ont été diagnostiqués comme souffrant de TDAH. Les parents d'un enfant atteint de TDAH supportent cinq fois plus de dépenses pour élever leur enfant que les parents qui n'en sont pas atteints. Aujourd'hui, environ 35 % des adolescents atteints de TDAH abandonnent l'école parce qu'ils ont du mal à faire face à la situation. De même, environ 51 % des adolescentes souffrant de TDAH se sont infligées des blessures. Une femme sur quatre souffrant de TDAH a tenté de se suicider. 27 % des adolescents américains souffrant de troubles liés à l'abus de substances sont atteints de TDAH. 41,3 % des cas de TDAH chez l'adulte sont graves et, chose choquante, il a été démontré que les cas graves de TDAH réduisent l'espérance de vie de 25 ans. Pour des millions de personnes, la compréhension de leur TDAH fait la différence entre une vie pleine et heureuse ou une vie malheureuse, en marge de la société.

Ce livre a pour but d'aider les 4,4 % d'adultes aux États-Unis qui luttent contre le TDAH chez l'adulte. Il vous fournira des informations sur les symptômes du TDAH, sur la manière dont vous serez diagnostiqué lorsque vous consulterez un professionnel de la santé, sur la manière dont le TDAH de l'adulte peut être pris en charge et sur les stratégies alternatives et d'auto-assistance dont vous disposez pour gérer le TDAH.

Il ne s'agit pas seulement d'un premier pas vers la compréhension de votre TDAH. C'est aussi le premier pas vers la reconquête de votre vie, de votre bonheur, de vos relations et de votre succès. Ce livre vise à vous rassurer sur le fait que vous êtes sur la bonne voie, tout en vous fournissant des recherches scientifiques sur le TDAH afin de vous aider à mieux comprendre les faits relatifs à ce trouble.

CHAPITRE 1 : QU'EST-CE QUE LE TDAH DE L'ADULTE ?

Le TDAH (trouble du déficit de l'attention/hyperactivité) est un trouble neurodéveloppemental très courant. Le TDAH, qui se développe dans le cerveau mais se manifeste dans le comportement d'une personne, provoque une inattention et/ou une hyperactivité-impulsivité qui interfère avec le fonctionnement ou le développement.

Si vous souffrez de TDAH, vous éprouverez d'énormes difficultés à concentrer votre attention, même pendant de courtes périodes. Bien que vous soyez capable de comprendre tout ce qui se passe autour de vous, votre esprit s'égare continuellement, hors de votre contrôle. Il vous est impossible d'organiser vos pensées avec persévérance. Le trouble se caractérise également par une hyperactivité incontrôlable : vous bougez, parlez, gigotez ou tapotez constamment. Avec le TDAH, le corps préfère tout type de mouvement à l'immobilité. Comme il est incontrôlable, il se manifeste même à des moments inopportuns. Ces mouvements incontrôlables entraînent très souvent une agitation et donc une fatigue physique.

Le TDAH se caractérise également par l'impulsivité. L'impulsivité, comme son nom l'indique, vous pousse à prendre des décisions et des mesures hâtives sans y avoir réfléchi au préalable. Cette attitude est souvent préjudiciable. Le trouble provoque souvent un désir de gratification instantanée qui peut être dangereux pour vous. Par exemple, l'impulsivité peut conduire une personne atteinte de TDAH à accepter de porter les bagages à main d'une autre personne à l'aéroport, sans s'arrêter pour réfléchir à la raison pour laquelle une autre personne pourrait lui demander d'effectuer une tâche aussi étrange.

Les symptômes du TDAH apparaissent dès la petite enfance et se poursuivent à l'âge adulte. Malheureusement, il est encore fréquent que le diagnostic de TDAH ne soit posé qu'à l'âge adulte. Le TDAH de l'adulte n'est pas très différent de celui de l'enfant. Le traitement est similaire (voir chapitre 4), tout comme les symptômes. De même, le TDAH est plus difficile à reconnaître chez l'adulte que chez l'enfant, car les symptômes deviennent moins évidents. Cela se traduit généralement par une diminution de l'hyperactivité, mais par des troubles permanents de l'attention, de l'impulsivité et de l'agitation. La gravité de ces symptômes dépend de l'individu, certains adultes n'ayant plus à lutter contre un ou plusieurs de ces symptômes. Étant donné que certains adultes ne souffrent plus de ce trouble, il est très difficile de le reconnaître et de le diagnostiquer chez les adultes, contrairement aux enfants.

Les adultes atteints de TDAH peuvent également avoir du mal à hiérarchiser leur temps et leurs responsabilités. Cela peut les amener à oublier des projets sociaux importants et des réunions d'affaires, voire à les manquer complètement. Un adulte atteint de TDAH peut éprouver des difficultés considérables à respecter les délais au travail en raison de son incapacité à se concentrer et à établir des priorités. Si vous souffrez de TDAH chez l'adulte, vous pouvez ressentir des impulsions incontrôlables qui vous amènent à prendre des décisions hâtives par impatience et à souffrir d'accès de colère, de frustration et de sautes d'humeur. Le revers de la médaille, c'est que cela affecte souvent vos relations personnelles et professionnelles de manière très préjudiciable, surtout si vous n'êtes pas diagnostiqué ou si votre entourage refuse de prendre votre diagnostic au sérieux.

Les adultes qui ne sont pas diagnostiqués éprouveront des difficultés considérables à accomplir les tâches quotidiennes. Ils peuvent ne pas comprendre ce qui ne va pas, ni même qu'un trouble cérébral est à l'origine de leurs difficultés. Le TDAH entraîne souvent des problèmes de santé mentale, en particulier chez les patients présentant des symptômes graves. C'est particulièrement vrai pour les adultes qui n'ont pas été diagnostiqués. Ils peuvent avoir l'impression que quelque chose ne va pas chez eux car, malgré leurs efforts, ils ont beaucoup de mal à paraître "normaux" aux yeux des autres. Les reproches et la honte qui en découlent peuvent également entraîner d'importants problèmes de santé mentale.

Le trouble déficitaire de l'attention/hyperactivité (TDAH) chez l'adulte est encore un trouble neurodéveloppemental largement étudié. La recherche contemporaine continue de découvrir de nouveaux liens entre le trouble déficitaire de l'attention/hyperactivité et les traumatismes, la race, la dysrégulation émotionnelle et la dysphorie sensible au rejet. Les découvertes scientifiques sont également à l'origine de nouveaux traitements innovants pour ce trouble, allant des médicaments aux jeux vidéo.

Causes du TDAH

Il existe quelques causes et facteurs de risque reconnus pour le TDAH. Les scientifiques continuent aujourd'hui d'étudier ces causes afin de mieux comprendre le trouble. En comprenant les facteurs de risque et les causes, les scientifiques peuvent mettre au point de meilleurs traitements et stratégies de gestion du trouble. Cette étude permettra également aux scientifiques de comprendre comment réduire le risque qu'une personne souffre de TDAH à l'âge adulte.

Actuellement, les causes exactes et les facteurs de risque du TDAH restent inconnus, mais les recherches actuelles ont mis en évidence un lien clair entre la génétique et le développement du TDAH. Le National Human Genome Research Institute (Institut national de recherche sur le génome humain) a exploré les facteurs génétiques qui contribuent au TDAH. Selon l'institut, le TDAH semble avoir un caractère familial, les études suggérant qu'il existe une composante génétique à ce trouble.

Cette hypothèse s'est avérée exacte en 2019 lorsque des scientifiques ont découvert le premier loci de risque significatif à l'échelle du génome pour le trouble déficitaire de l'attention/hyperactivité. Il s'agissait de l'une des plus grandes études sur le TDAH menées à l'échelle des gènes, avec plus de 55 000 participants du monde entier. L'étude a permis de réduire des centaines de milliers de gènes humains à quelques gènes susceptibles de causer le TDAH, notamment DUSP6 et SEMA6D. Le Dr Anders Børglum, qui a participé à l'étude, a déclaré :

"Ces nouvelles découvertes génétiques ouvrent de toutes nouvelles perspectives pour comprendre la biologie qui sous-tend le développement du TDAH. Par exemple, certains des gènes impliqués influencent la façon dont les cellules du cerveau communiquent entre elles, tandis que d'autres sont importants pour les fonctions cognitives telles que le langage et l'apprentissage. Les variantes de risque régulent généralement le degré d'expression d'un gène, et nos résultats montrent que les gènes affectés sont principalement exprimés dans le cerveau".

Cette recherche a constitué une avancée dans la compréhension scientifique du TDAH, car elle a enfin permis de mettre en évidence les causes génétiques de ce trouble. Les scientifiques qui ont participé à l'étude se sont réjouis que la recherche sur le TDAH puisse rattraper la recherche sur d'autres troubles mentaux, tels que la dépression et la schizophrénie. Ces nouvelles recherches permettent aux scientifiques de prédire les chances d'un couple d'avoir un enfant souffrant de TDAH.

Outre les causes génétiques, il existe d'autres causes que la communauté médicale considère comme étant à l'origine du TDAH. Ces causes sont les suivantes

- Boire de l'alcool et fumer pendant la grossesse.

- Lésions cérébrales, par exemple lors de sports de contact comme le football.

- Exposition à des facteurs de risque environnementaux tels que le plomb ou l'amiante pendant la grossesse ou à un jeune âge.

- Faible poids à la naissance.

- Accouchement prématuré.

Les mythes concernant les causes du TDAH, tels que la surconsommation de sucre, les vaccinations, le fait de trop regarder la télévision, les problèmes familiaux ou d'autres problèmes de société, comme la pauvreté, ne sont que des mythes. Aucune information scientifique n'indique que ces facteurs de risque sont viables, même s'ils peuvent exacerber les causes du TDAH. Contrairement à des troubles comme la dépression, le TDAH n'est pas déclenché par des sautes d'humeur ou des troubles de l'humeur dus à des problèmes sociaux ou familiaux.

Types de TDAH

Selon l'American Psychiatric Association, il existe trois formes différentes de TDAH : le type inattentif, le type hyperactif/impulsif et le type combiné. Un psychiatre diagnostiquera généralement le type de TDAH dont vous souffrez en se basant sur les symptômes que vous avez ressentis au cours des six derniers mois.

Résumé du chapitre

- Le TDAH est considéré comme un trouble du développement neurologique.

- Le TDAH provoque une inattention et/ou une hyperactivité-impulsivité qui interfère avec le fonctionnement ou le développement.

- Le TDAH rend extrêmement difficile la concentration de l'attention, même pendant de courtes périodes, ce qui entraîne des difficultés et des défis dans la vie normale.

- L'impulsivité liée au TDAH vous pousse à prendre des décisions et des mesures hâtives sans y avoir réfléchi au préalable.

- Les symptômes du TDAH apparaissent dès la petite enfance et se poursuivent à l'âge adulte. Il arrive que les enfants atteints de TDAH se débarrassent de leur trouble.

- Les causes et les facteurs de risque du TDAH restent largement inconnus, mais les scientifiques ont récemment découvert quelques gènes qui semblent être à l'origine du TDAH.

CHAPITRE 2 : LES SYMPTÔMES DU TDAH CHEZ L'ADULTE

Il est plus difficile de repérer les symptômes du TDAH chez les adultes que chez les enfants, car il est facile d'attribuer ces symptômes à des défaillances personnelles.

"Mon incapacité à rester concentré dans le présent fait croire aux autres que je ne me soucie pas d'eux. Je m'ennuie rapidement et facilement, et j'ai donc du mal à écouter les autres. En outre, je me sens très mal à l'aise dans les activités de groupe où l'interaction sociale est nécessaire, car je préfère ne pas me faire remarquer. J'ai toujours peur de dire ce qu'il ne faut pas. Parfois, j'oublie même de dire bonjour ou au revoir, et les autres m'accusent d'être impoli".

Dans l'exemple ci-dessus, il est très facile de penser que la personne est simplement égocentrique et impolie, mais la difficulté à entretenir des relations est un symptôme courant du TDAH chez l'adulte.

Il est également important de noter que d'autres troubles psychologiques, tels que la dépression, l'anxiété et les troubles bipolaires, peuvent être diagnostiqués chez les personnes souffrant de TDAH.

Pourtant, il existe une autre façon de considérer le TDAH. S'il est courant que les personnes atteintes de TDAH soient considérées comme des parias et des déçus incapables de s'intégrer dans le monde neurotypique, il existe une autre facette du TDAH qui est rarement célébrée. Les symptômes du TDAH, même dans le monde scientifique et psychiatrique, sont souvent formulés comme s'ils n'étaient rien d'autre que des problèmes. Par exemple, si vous souffrez d'un TDAH de type inattentif, l'un de vos symptômes les plus courants sera formulé comme suit : "incapacité à rester concentré sur des tâches importantes". Ce que la formulation de ces symptômes refuse de prendre en compte, c'est que le TDAH n'est négatif que dans notre monde actuel, où le lieu de travail est conçu pour des personnes neurotypiques. Dans de nombreux domaines, les symptômes associés au TDAH peuvent en fait être bénéfiques !

En ce sens, le TDAH diffère de nombreux autres troubles mentaux. Il n'existe pas de monde dans lequel les symptômes de dépression ou d'anxiété constante seraient une bonne chose. Cependant, notre monde neurotypique est construit sur des objectifs à long terme, ordonnés et bureaucratiques. C'est pourquoi le TDAH est considéré comme un *trouble*.

L'attention simultanée et à court terme du TDAH vous permet d'être un grand résolveur de problèmes. Votre esprit zigzague d'un problème à l'autre, d'une préoccupation à l'autre. Cependant, cela permet à votre cerveau de développer des schémas de pensée qui permettent de résoudre rapidement les problèmes. La façon dont vous passez d'un centre d'intérêt à un autre, d'une tâche à une autre, d'une conversation à une autre, est la même que celle dont vous passez d'une solution à une autre. Si certains problèmes nécessitent une réflexion et des solutions à long terme, d'autres requièrent une réflexion à court terme. Certaines décisions nécessitent une réponse immédiate, ce qui exige un cerveau et un système nerveux capables de résoudre les problèmes sur-le-champ.

Les personnes atteintes de TDAH peuvent être très sympathiques et avoir le sens de l'humour. Une fois que vous êtes confronté à un problème, vous y revenez jusqu'à ce que vous le maîtrisiez. Votre obsession à dominer chaque nouveau défi apporte des solutions innovantes aux problèmes. Dans un monde neurotypique de règles et de conventions, l'esprit TDAH est une ressource illimitée d'innovations qui brisent l'ordre et les conventions pour de bon. En parcourant les symptômes ci-dessous, rappelez-vous que, même si vous n'êtes pas très doué pour passer un examen de trois heures ou même pour vous concentrer sur ce que disent les gens pendant de longues périodes, cela ne veut pas dire que quelque chose ne va pas chez vous. Cela signifie simplement que vous êtes une personne neurodivergente vivant dans un monde neurotypique.

Pensez-y de la manière suivante : vous êtes un chat vivant dans un monde construit par, pour et autour des chiens. Ou, pour être plus scientifique, votre monde est curviligne, mais on attend de vous que vous vous adaptiez à un monde linéaire. Dans votre monde, le passé, le présent et le futur ne sont jamais séparés ; ils ne sont pas distincts. Vous ne vivez que dans le présent. En effet, il vous est pratiquement impossible de tirer des leçons de l'expérience ou de vous projeter dans l'avenir pour voir les conséquences inéluctables de vos actions. Cela diffère d'un monde neurotypique où tout est généralement divisé en un début, un milieu et une fin. Avec un cerveau TDAH, il n'y a ni début, ni milieu, ni fin. Tout s'écoule dans un continuum, ce qui vous rend incapable de trouver le début ou même de vous en tenir à un point dans le temps. Il est probable que vous vous contentez de sauter au milieu et de travailler dans toutes les directions à la fois.

Dans la section suivante, vous trouverez une liste des différents signes et symptômes du TDAH. Bien que vous puissiez reconnaître plusieurs de ces symptômes chez vous, il est important de ne jamais poser de diagnostic personnel. Si vous pensez être atteint de TDAH, il est important de consulter un professionnel de la santé afin d'obtenir un diagnostic officiel, en particulier avant d'entamer un plan de traitement.

Symptômes du trouble déficitaire de l'attention avec prédominance d'inattention (TDAH)

Vous êtes peut-être atteint d'un TDAH à présentation inattentive prédominante si

- Vous êtes facilement distrait(e).

- Vous avez du mal à prêter attention aux détails. Par exemple, il vous est impossible d'être attentif lors de longues réunions de travail.

- Vous commettez des erreurs d'inattention dans l'accomplissement de vos tâches. Par exemple, en tant qu'étudiant à l'université, vous risquez d'obtenir régulièrement de mauvaises notes parce que vous commettez des erreurs d'inattention lors des examens. C'est parce que vous ne savez pas ordonner, c'est-à-dire planifier et exécuter des parties d'une tâche dans un ordre quelconque.

- Vous évitez (et probablement détestez) les tâches qui nécessitent un effort mental soutenu. Cela peut devenir une pierre d'achoppement dans la vie. Par exemple, vous pouvez avoir du mal à poursuivre certaines carrières qui exigent un effort mental soutenu, comme l'ingénierie ou le journalisme. Préparer des rapports, remplir des formulaires et même des choses plus simples comme suivre une longue recette peuvent être un défi pour vous.

- Vous avez du mal à rester concentré sur des tâches ou des activités, et il vous est impossible de suivre de longues conversations. Il se peut même que vous n'écoutiez pas lorsque quelqu'un vous parle, comme si votre esprit était ailleurs.

- Vous ne suivez pas les instructions, quelle que soit la personne qui les donne. Vous êtes trop distrait et risquez d'oublier. Il se peut aussi que vous deviez rester concentré, ce que vous n'arrivez pas à faire, même si vous vous y efforcez. Par conséquent, il est probable que vous ne parveniez pas à terminer vos travaux scolaires, vos tâches ménagères ou vos obligations professionnelles. Il se peut même que vous commenciez à travailler, mais que vous perdiez rapidement votre concentration.

- Vous avez des difficultés à organiser les tâches et le travail que vous devez effectuer. Vous n'avez aucune capacité d'organisation parce que votre cerveau ne peut pas traiter des concepts tels que la linéarité et le temps linéaire. Vous ne savez pas gérer votre temps ; vous êtes désordonné et désorganisé, même pour les tâches les plus importantes, et vous ne respectez pas les délais, même les plus importants. De même, vous perdez très souvent les objets nécessaires à l'accomplissement des tâches de votre vie quotidienne. Vous perdez souvent des objets tels que vos clés, vos livres, vos lunettes, votre téléphone portable, vos médicaments, vos documents d'identité, etc.

- Vous oubliez de faire ou d'accomplir des tâches quotidiennes. Vos tâches s'accumulent et votre vie est ralentie parce que vous oubliez de faire des courses. Par exemple, vous ne respectez pas les rendez-vous importants et vous oubliez d'aller faire les courses, même s'il n'y a plus de nourriture à la maison.

Symptômes du TDAH à prédominance hyperactive et impulsive

Il se peut que vous ayez un TDAH à présentation hyperactive-impulsive prédominante si

- Vous ne pouvez pas jouer, travailler ou faire des activités tranquillement. Comme son nom l'indique, le TDAH hyperactif-impulsif vous rend hyperactif, de sorte que vous ne pouvez pas rester en place. De même, vous pouvez vous agiter, taper constamment des mains ou des pieds, vous tortiller sur votre siège, taper sur votre stylo ou effectuer toute autre action qui vous permet de libérer votre énergie hyperactive.

- Vous ne pouvez pas rester assis au même endroit, même pour de courtes périodes. Vous devez toujours être en mouvement.

- Vous avez du mal à attendre votre tour. Vous pouvez sauter la file d'attente dans un café ou vous sentir frustré lorsqu'on s'occupe d'abord des personnes qui vous précèdent dans une file d'attente.

- Tu cours et tu grimpes sur les objets, même dans les moments les plus inopportuns.

- Vous êtes toujours "en mouvement", comme si vous étiez entraîné par un moteur. Cela inclut le fait de parler constamment, sans jamais s'arrêter ni faire de pause.

- Vous répondez à brûle-pourpoint, avant même d'avoir fini de poser une question. Par exemple, vous pouvez terminer les phrases des autres ou prendre le pas sur la conversation, sans laisser l'autre personne s'exprimer.

- Vous interrompez les autres ou vous vous immiscez dans leur vie. Vous vous immiscez dans des conversations qui ne vous concernent pas, vous essayez de vous inclure de force dans les activités des autres et vous utilisez des objets sans leur permission. Souvent, vous prenez le contrôle de ce que font les autres.

Type combiné TDAH

Le fait d'avoir un TDAH de type combiné ne signifie pas que votre TDAH est plus sévère que le TDAH à prédominance hyperactive ou le TDAH à prédominance inattentive. Cela signifie simplement que vos symptômes sont répartis de manière assez égale entre les deux types de TDAH énumérés ci-dessus. Si vous présentez un certain nombre de symptômes dans les deux listes susmentionnées, il se peut que vous soyez dans ce cas.

Autres symptômes courants du TDAH

- Il se peut que vous ayez une faible tolérance aux expériences sensorielles extérieures, ce que l'on appelle l'hyperacousie. Le fonctionnement de votre cerveau vous amène à avoir des sens exacerbés. Par exemple, il se peut que vous deviez quitter la pièce à la moindre odeur ou que vous soyez attentif aux sons les plus infimes. De même, vos pensées sont toujours à haut volume, ce qui fait que votre système nerveux est submergé par les expériences de la vie quotidienne.

- Il n'est pas possible de faire abstraction des données sensorielles. Une personne neurodivergente peut regarder un objet, mais ne pas se concentrer dessus, ou entendre ce que dit une personne sans vraiment l'écouter.

- Votre humeur et votre niveau d'énergie passent de l'ennui, du désengagement ou du piège d'une tâche à l'hyperconcentration, l'énergie et l'obsession d'une tâche. Lorsque vous êtes désengagé, vous vous sentez léthargique, très insatisfait, irritable et querelleur. Lorsque vous êtes super-concentré, vous êtes intéressé, stimulé et heureux de commencer et de poursuivre des projets. Lorsque vous êtes intéressé, vous pouvez produire un travail de grande qualité en peu de temps.

- Votre système nerveux ne semble jamais se reposer. Vous êtes toujours à la recherche de quelque chose d'intéressant et de stimulant à faire. Contrairement à ce que l'on appelle le "déficit d'attention", votre attention n'est pas déficitaire (elle ne le devient que lorsque vous vous ennuyez). Votre attention est généralement toujours en éveil. Vous êtes constamment occupé par vos pensées, qui semblent aller à cent à l'heure. Vous avez généralement une poignée de pensées différentes dans votre cerveau en même temps. Par conséquent, vous ne pouvez pas accorder toute votre attention à une seule chose, à moins d'être hyperconcentré. (L'hyper-focalisation sera abordée plus loin).

L'importance des symptômes

Les symptômes du TDAH sont importants pour le diagnostic médical du trouble. Reconnaître les symptômes du TDAH est également bon pour votre propre santé mentale. Elle valide votre expérience et vous aide à vous sentir moins isolé des autres. Lorsque vous savez comment votre TDAH se manifeste, vous pouvez mieux le gérer.

Lorsqu'on est atteint de TDAH, on peut avoir l'impression de ne pas disposer de toutes les ressources nécessaires pour survivre dans le monde. Des choses qui paraissent anodines à la plupart des gens bouleversent votre monde d'une manière que les gens, par la suite, ne comprennent pas. Non seulement vous vous sentez aliéné par les difficultés que vous rencontrez en essayant de vivre dans un monde neurotypique, mais vous êtes aussi encore plus isolé du monde lorsque les gens interprètent mal vos actions, les banalisant en les qualifiant d'impolies, d'ignorantes, d'arrogantes, d'exigeantes, d'irritables et de bizarres. Il se peut que vous ayez essayé de vous intégrer et que vous ayez échoué lamentablement. Ce qui est normal pour vous ne l'est pas pour les autres et vous êtes souvent considéré comme "différent".

Heureusement, vous ne pouvez pas fuir vos symptômes. Je dis "heureusement", car vous êtes parfaitement normal tel que vous êtes. Vous n'avez pas besoin d'être neurotypique pour être "normal". Vous avez simplement besoin de mieux vous comprendre pour apprendre à fonctionner au mieux de vos capacités dans le monde actuel. La compréhension de soi vous aidera également à apprendre comment utiliser au mieux les avantages du TDAH et comment minimiser les problèmes que le TDAH peut entraîner. Si vous ne connaissez pas parfaitement les symptômes du TDAH, vous risquez de commencer à utiliser des techniques inadaptées pour vous épanouir.

Résumé du chapitre

- Il est plus difficile de repérer les symptômes du TDAH chez l'adulte que chez l'enfant.

- D'autres troubles psychologiques peuvent être diagnostiqués chez les personnes atteintes de TDAH.

- Les personnes atteintes de TDAH peuvent être très sympathiques et avoir un grand sens de l'humour.

- Les personnes atteintes de TDAH trouvent souvent des solutions innovantes aux problèmes.

- Il est important de ne jamais s'auto-diagnostiquer. Si vous pensez être atteint de TDAH, demandez un diagnostic à un professionnel de la santé.

CHAPITRE 3 : COMMENT LE TDAH EST-IL DIAGNOSTIQUÉ CHEZ LES ADULTES ?

Le diagnostic du TDAH est très important pour votre bonheur à long terme. Lorsqu'il n'est pas diagnostiqué ou traité, le TDAH chez l'adulte s'accompagne souvent de comorbidités, telles que l'anxiété, le syndrome de stress post-traumatique, la dépression et les troubles de l'alimentation.

Le TDAH ne peut pas être diagnostiqué à l'aide d'un test de laboratoire. Il n'existe pas de test unique pour le TDAH. Un professionnel qualifié posera le diagnostic en recueillant des informations sur votre comportement, votre façon de penser et les difficultés que vous rencontrez dans votre vie quotidienne. Une évaluation complète comprend généralement un examen des symptômes passés et actuels et l'utilisation d'échelles d'évaluation pour adultes ou de listes de contrôle. Remplissez une liste de contrôle et passez un examen médical (y compris un examen de la vue et de l'ouïe) pour vous assurer que les symptômes ne sont pas dus à d'autres problèmes médicaux. Votre médecin devra recueillir des informations sur vous, telles que vos problèmes médicaux actuels, vos antécédents médicaux personnels et familiaux et l'historique de vos symptômes, en commençant par le début de vos symptômes dans l'enfance.

Le diagnostic du TDAH chez l'adulte peut être complexe car de nombreux adultes non diagnostiqués ont appris à cacher ou à masquer nombre de leurs symptômes au fil des ans. Certains états pathologiques et traitements peuvent également imiter les signes et les symptômes du TDAH. Par exemple, l'usage et l'abus de drogues, comme l'abus d'alcool et l'usage de médicaments diagnostiqués médicalement, peuvent provoquer de nombreux symptômes similaires. De même, les troubles mentaux, tels que la dépression, les troubles psychiatriques et l'anxiété, peuvent également imiter les symptômes du TDAH, tout comme d'autres problèmes médicaux qui affectent la pensée et le comportement. Si vous souffrez de troubles du sommeil et de problèmes cérébraux, d'hypoglycémie (baisse du taux de sucre dans le sang) et d'autres troubles du développement, il est possible de confondre leurs symptômes avec ceux du TDAH.

Apprendre son histoire personnelle

Le professionnel de la santé vous posera de nombreuses questions sur votre enfance. Le TDAH commence dès l'enfance, le professionnel devra donc connaître les symptômes de votre enfance. Il aura besoin de connaître des éléments tels que

- Avez-vous souvent eu des problèmes à l'école ?

- Avez-vous été désorganisé pendant votre enfance ?

- Avez-vous eu de mauvaises ou de bonnes notes à l'école ?

- Vous a-t-on traité de "paresseux", de "désordonné" ou de "négligent" ? "paresseux", "désordonné" ou "négligent" ?

- Vous êtes-vous senti incompris à l'école et isolé à l'école ou à la maison ?

Lorsque vous vous rendez à votre rendez-vous de diagnostic, vous pouvez apporter vos bulletins scolaires et d'autres documents relatifs à votre scolarité, si vous les avez encore ou si vous pouvez les trouver. Les bulletins scolaires contiennent non seulement vos notes, mais aussi les commentaires des enseignants sur votre personnalité, votre caractère et votre comportement, qui peuvent être révélateurs de vos symptômes de TDAH. Vous devriez également prendre vos dossiers médicaux. Si vos parents ou vos tuteurs vous ont amené à consulter un professionnel de la santé pendant votre enfance, ces dossiers peuvent également indiquer des symptômes de TDAH, même si vous avez été mal diagnostiqué à l'époque.

Le professionnel qui vous évalue peut également vous demander de contacter un parent, un tuteur, un ancien directeur d'école, un psychiatre de l'enfance ou toute autre personne susceptible de vous fournir des informations sur votre enfance. Vous pouvez vous sentir anxieux si vous ne vous souvenez pas de certaines expériences de votre enfance. C'est un phénomène courant, ne vous inquiétez pas. Le professionnel ne vous diagnostiquera pas un TDAH si vous n'avez pas présenté de symptômes de ce trouble avant l'âge de douze ans. Il est difficile de se souvenir d'événements survenus avant l'âge de douze ans, c'est pourquoi les commentaires des adultes qui vous entouraient à l'époque sont très importants. Certains des symptômes que vous présentez peuvent avoir changé avec l'âge, mais cela ne signifie pas que vous n'êtes plus atteint de TDAH.

Évaluer vos symptômes/comportement aujourd'hui

L'histoire de votre enfance sera suivie d'une évaluation de vos symptômes actuels, y compris les difficultés ou les problèmes que vous avez rencontrés à l'âge adulte à cause de ces symptômes. Votre médecin vous posera probablement une version des questions suivantes :

- Vous sentez-vous incompris au travail et isolé de vos proches et de vos collègues ?

- Vous oubliez souvent de payer vos factures ou de vous rendre à des rendez-vous ou des réunions importants ?

- Avez-vous du mal à vous concentrer sur vos études universitaires ou vos tâches professionnelles ou à les mener à bien ?

- Rencontrez-vous des difficultés considérables dans vos relations ?

Pour diagnostiquer le TDAH, un professionnel doit déterminer que les symptômes que vous présentez vous causent de profondes difficultés. Par la suite, si vous avez de multiples symptômes de TDAH, mais qu'ils ne vous causent aucune difficulté, vous ne serez pas diagnostiqué comme ayant un TDAH. Cette étape du diagnostic est donc très importante.

Vous devez tout partager avec le professionnel. Soyez honnête, même si vous vous sentez gêné ou si vous pensez que ce n'est pas pertinent. Le professionnel demandera probablement à d'autres personnes de votre entourage de remplir un questionnaire sur votre comportement et votre caractère. Quelle que soit notre aptitude à l'autoréflexion, nous avons tous des zones d'ombre dans notre caractère. Vos proches verront des symptômes et des problèmes de comportement qui vous ont peut-être échappé. Ils apportent un point de vue différent sur les expériences vécues, ce qui aidera le professionnel à brosser un tableau complet de vos symptômes. Par exemple, vous pouvez penser que vous maîtrisez l'art de la conversation amicale, mais un ami peut penser que vous vous ennuyez beaucoup lorsque d'autres personnes vous parlent d'un sujet qui ne vous intéresse pas.

En outre, une procédure de diagnostic du TDAH comprend généralement une ou plusieurs échelles d'évaluation du comportement. En règle générale, une échelle d'évaluation contient entre 20 et 90 questions qui évaluent la fréquence des comportements liés au TDAH. Les questions sont toujours conçues sur la base de la définition du TDAH du Manuel diagnostique et statistique des troubles mentaux (DSM-5).

Il se peut que l'on vous demande de remplir l'échelle avant l'évaluation ou pendant le rendez-vous. Ces échelles ne permettent pas de poser un diagnostic complet et ne fournissent pas non plus de preuves médicales suffisantes et objectives. Quelle que soit l'échelle d'évaluation utilisée, elle sera toujours subjective. Elles sont néanmoins très utiles car elles permettent de dresser un tableau plus clair de vos symptômes.

Quatre types d'échelle sont utilisés pour diagnostiquer le TDAH chez l'adulte :

- Échelle d'auto-évaluation du TDAH chez l'adulte (ASRS v1.1).

- Échelle de diagnostic clinique du TDAH chez l'adulte (ACDS) v1.2.

- Échelle d'évaluation des symptômes du trouble déficitaire de l'attention de Brown (BADDS) pour les adultes.

- Échelle d'évaluation du TDAH-IV (ADHD-RS-IV).

Malgré les différentes échelles d'évaluation, elles vous demanderont toutes de répondre à des questions sur des comportements tels que

- Vos expériences en matière de torticolis.

- Vos expériences en matière de difficultés de concentration, d'organisation et d'attention.

- Vos expériences en matière de bougeotte.

- Difficultés à suivre les instructions ou les tâches.

- Les difficultés que vous rencontrez pour être patient.

- Difficultés à rester immobile.

- Difficultés éventuelles liées à l'impossibilité d'attendre son tour.

- Difficultés à interrompre les autres.

- Difficultés à se souvenir des rendez-vous ou des obligations.

Vérification de l'existence d'autres troubles mentaux

Certains professionnels de la santé voudront également vous faire passer des tests pour détecter d'autres problèmes de santé mentale. Par exemple, vous pouvez avoir besoin d'un test cognitif qui identifie les troubles de l'apprentissage ou les déficiences intellectuelles qui entraînent des difficultés à l'université ou au travail. Un test de santé mentale permettra également de détecter des troubles de la personnalité ou de l'humeur. Certains de ces troubles de la personnalité imitent les symptômes du TDAH. Ces tests sont une sécurité absolue pour s'assurer que vos symptômes ne sont pas causés par d'autres troubles mentaux ou de la personnalité, ce qui rend votre diagnostic de TDAH précis.

Le TDAH n'entraîne pas d'autres problèmes psychologiques ou de développement. Cependant, d'autres troubles se manifestent souvent lorsque l'on souffre de TDAH, ce qui complique encore le traitement de ce trouble. Ces troubles sont généralement les suivants

Troubles anxieux

Les troubles anxieux sont assez fréquents chez les adultes atteints de TDAH. Les troubles anxieux se caractérisent par une anxiété, une inquiétude et une nervosité intenses à propos d'une multitude de choses, y compris la santé personnelle, le travail, les interactions sociales et les circonstances de la vie de tous les jours. Lorsque vous souffrez de TDAH, votre anxiété peut être aggravée par les défis et les difficultés causés par le TDAH.

Troubles de l'humeur

La dépression, le trouble bipolaire ou un autre trouble de l'humeur sont très fréquents chez les personnes atteintes de TDAH. Les troubles de l'humeur ne sont pas directement causés par le TDAH. Cependant, ils peuvent être aggravés par les symptômes du TDAH, notamment les échecs et les frustrations répétés, l'incompréhension des autres face à vos symptômes et votre incapacité à établir des liens émotionnels avec d'autres personnes.

Autres troubles psychiatriques

Les adultes atteints de TDAH sont plus susceptibles de développer d'autres troubles psychiatriques, tels que les troubles liés à l'utilisation de substances, les troubles de la personnalité et le trouble explosif intermittent.

Troubles de l'apprentissage

Comme nous l'avons vu dans un chapitre précédent, les adultes atteints de TDAH obtiennent généralement de mauvais résultats aux tests scolaires, inférieurs à ceux d'une personne de même intelligence, de même niveau d'éducation et de même âge. Les troubles de l'apprentissage se caractérisent souvent par des difficultés de compréhension et de communication.

Trouver un professionnel pour diagnostiquer le TDAH

Il peut être difficile de trouver un professionnel de la santé mentale ou un médecin pour diagnostiquer le TDAH, mais ne vous inquiétez pas. Les conseils suivants vous aideront à trouver un professionnel en toute simplicité :

- Prenez rendez-vous avec votre médecin traitant pour obtenir des recommandations.

- Demandez à votre thérapeute (si vous en avez un) de vous recommander des professionnels.

- Utilisez l'internet pour rechercher des professionnels dans votre région. Essayez de trouver des avis sur ces professionnels ou demandez à votre entourage de vous donner des avis de bouche à oreille.

- Renseignez-vous sur les personnes (et les services) couvertes par votre assurance.

- N'hésitez pas à poser des questions. De même, n'hésitez pas à essayer plusieurs professionnels jusqu'à ce que vous trouviez quelqu'un avec qui vous vous sentez à l'aise.

Résumé du chapitre

- Lorsqu'il n'est pas diagnostiqué ou traité, le TDAH chez l'adulte s'accompagne souvent de comorbidités, telles que l'anxiété, le syndrome de stress post-traumatique, la dépression et les troubles de l'alimentation.

- Il n'existe pas de test unique pour le TDAH. Il existe quelques tests que vous pouvez être amené à passer pour obtenir un diagnostic précis du TDAH.

- Il se peut que votre médecin doive interroger les membres de votre famille et d'anciennes figures d'autorité pour diagnostiquer votre TDAH.

CHAPITRE 4 : TRAITEMENT HABITUEL DU TDAH CHEZ L'ADULTE

Une fois le diagnostic de TDAH posé, l'étape suivante de la prise en charge de votre TDAH consiste à rechercher un traitement. Le traitement vous aidera énormément. Le diagnostic est souvent un tournant pour les personnes atteintes de TDAH à l'âge adulte. De nombreuses personnes atteintes de TDAH à l'âge adulte déclarent souvent que c'est la première fois qu'elles se sentent "normales" dans leur vie après des années passées à gérer une douleur invalidante, parfois en recourant à des stratégies inadaptées telles que l'abus de drogues.

Ainsi, une fois la honte et l'incertitude dissipées par le diagnostic, l'étape suivante vers la guérison est le traitement. Le traitement vous aidera à mettre fin aux symptômes préjudiciables, tels que votre incapacité à vous concentrer sur un projet qui ne vous intéresse pas, et à améliorer les symptômes bénéfiques, tels que votre capacité à vous hyperconcentrer sur un projet qui vous intéresse.

De nombreuses personnes ayant reçu un diagnostic de TDAH chez l'adulte disent la même chose : le traitement les a aidées à se débarrasser de toutes les tensions, douleurs et incompréhensions des dernières décennies. En retour, elles ont pu être plus heureuses et plus satisfaites de ce qu'elles sont.

Le traitement du TDAH peut être médicamenteux, thérapeutique ou une combinaison des deux. Le type de traitement qui vous convient dépendra de la gravité de votre TDAH, du type de TDAH dont vous souffrez et du type de symptômes que vous présentez. Que l'on vous prescrive des médicaments ou des méthodes thérapeutiques, il est important de noter que votre traitement n'est pas un remède, mais un outil à l'intérieur d'une boîte à outils spécialisée pour construire une vie adaptée au TDAH. Chaque forme de traitement est un type d'outil différent pour construire une vie qui vous est propre.

En général, votre médecin ou votre psychiatre vous prescrira un ou plusieurs de ces traitements :

Médicaments

Pendant un certain temps, la Ritaline et l'Adderall étaient les médicaments les plus populaires associés au TDAH. Ces médicaments étaient si populaires que l'on a fini par croire qu'il s'agissait des seuls traitements disponibles pour le TDAH (autrefois appelé TDA). C'est évidemment faux. Les médicaments ne sont pas efficaces pour tout le monde. Lorsqu'ils sont efficaces, ils ne ciblent pas tous les symptômes du TDAH. N'oubliez pas que les médicaments ne sont que l'un des nombreux traitements sûrs et efficaces qui font partie de votre boîte à outils ; certains outils, bien qu'efficaces pour d'autres, ne fonctionneront pas très bien sur vos propres symptômes. C'est tout à fait normal.

Pour les personnes qui peuvent utiliser des médicaments pour traiter leurs symptômes avec succès, les médicaments aident à améliorer l'attention et la concentration. D'autres symptômes comme l'oubli, la procrastination, la mauvaise gestion du temps et la désorganisation ne sont pas soulagés par les médicaments. Comme il s'agit de symptômes très pertinents qui affectent les personnes atteintes de TDAH, vous aurez besoin d'autres "outils" pour vous aider à améliorer ces symptômes. Les médicaments sont très efficaces lorsqu'ils sont associés à d'autres options thérapeutiques. Vous profiterez beaucoup mieux de vos médicaments si vous les complétez par d'autres traitements qui s'attaquent aux problèmes émotionnels et comportementaux et par des traitements qui vous permettent d'acquérir des compétences d'adaptation.

Comme pour tous les autres médicaments destinés à soigner d'autres troubles et maladies, chaque individu réagit différemment. D'un côté, vous pouvez ne ressentir que peu ou pas de soulagement, tandis qu'une autre personne souffrant de TDAH verra son état s'améliorer considérablement. De même, les effets secondaires des médicaments contre le TDAH diffèrent d'une personne à l'autre. Pour certaines personnes, les effets secondaires des médicaments l'emportent sur les avantages. Il est impossible de savoir comment une personne réagira à un médicament. Préparez-vous donc à passer une période d'essai pour trouver le médicament et la dose qui vous conviennent. Il est également possible que vos antécédents médicaux limitent vos options de traitement. Votre médecin vous interrogera sur vos antécédents médicaux afin d'avoir une idée des médicaments qui vous conviendront le mieux et de ceux qui peuvent présenter un risque pour votre santé.

Certains médicaments peuvent vous être prescrits :

Stimulants

Les stimulants sont les médicaments les plus couramment prescrits pour le TDAH. Ils constituent généralement la première série de médicaments utilisés pour traiter le TDAH. Votre médecin vous prescrira probablement un stimulant du système nerveux central (SNC), qui agit en augmentant la quantité de norépinéphrine et de dopamine dans le cerveau. La noradrénaline et la dopamine sont des hormones et des neurotransmetteurs. Les neurotransmetteurs transmettent les informations entre les neurones du système nerveux central. En augmentant la quantité de dopamine et de noradrénaline, vous permettez à votre SNC de transporter plus d'informations qu'il ne le pouvait auparavant. Par conséquent, votre concentration s'améliore et votre fatigue (causée par les efforts de concen-tration) diminue.

Il existe de nombreuses versions génériques des stimulants, vous n'avez donc pas à vous soucier des coûts élevés. Toutefois, certains stimulants ne sont disponibles qu'en version de marque, plus onéreuse.

Les stimulants s'accompagnent généralement d'effets secondaires négatifs, tels que la suppression de l'appétit, la perte de poids, les troubles du sommeil, les douleurs abdominales et les maux de tête. D'autres effets secondaires peuvent être l'anxiété, la bouche sèche, les vertiges, la dyspepsie, l'irritabilité émotionnelle, la fatigue, les nausées, la fièvre, les vomissements et la nervosité.

En cas de surdosage de stimulants, les niveaux deviennent toxiques, provoquant une excitation stimulante qui peut entraîner un accident vasculaire cérébral, une crise cardiaque, des convulsions ou même une surchauffe fatale. Vous pouvez également présenter des effets secondaires graves, notamment une dépendance aux stimulants, une infection, une réaction allergique grave, une tachycardie, des épisodes psychotiques, une rhabdomyolyse, une cardiomyopathie, des érections prolongées, le syndrome de Stevens-Johnson et une nécrolyse épidermique tox-ique.

Les stimulants couramment prescrits sont les suivants

Méthamphétamines (Desoxyn)

Les méthamphétamines agissent en stimulant le système nerveux central. Les scientifiques ne savent toujours pas comment elles agissent pour améliorer les symptômes du TDAH. Ce que l'on sait, en revanche, c'est qu'elles augmentent les quantités d'hormones telles que la dopamine et la norépinéphrine dans le cerveau.

Les méthamphétamines se présentent sous la forme d'un comprimé oral à prendre une ou deux fois par jour.

Méthylphénidate

Les méthylphénidates bloquent la recapture de la norépinéphrine et de la dopamine dans le cerveau, ce qui contribue à augmenter les niveaux de ces hormones. En tant que stimulant, il se présente sous forme orale à libération immédiate, à libération prolongée et à libération contrôlée. Vous pouvez également l'obtenir sous forme de patch transdermique, sous la marque Daytrana. Les méthylphénidates peuvent se présenter sous la forme de versions génériques ou de versions de marque plus onéreuses. Voici quelques-unes des versions de marque que vous pouvez obtenir :

- Aptensio XR (version générique disponible)

- Metadate ER (version générique disponible)

- Concerta (version générique disponible)

- Daytrana

- Ritaline (version générique disponible)

- Ritalin LA (version générique disponible)

- Methylin (version générique disponible)

- QuilliChew

- Quillivant

Il se peut que l'on vous prescrive également du dexméthylphénidate, un autre stimulant qui améliore les symptômes du TDAH. Le dexméthylphénidate, comme son nom l'indique, ressemble au méthylphénidate. Il est disponible sous son nom de marque, Focalin.

Amphétamines

Il existe différents types d'amphétamines :

- Amphétamine : L'amphétamine n'est pas disponible en version générique. Elle est commercialisée sous les noms de marque Evekeo et Adzenys XR-ODT. Ils se présentent sous la forme d'un comprimé oral, d'un comprimé à désintégration orale à libération prolongée et d'un liquide oral à libération prolongée.

- Dextroamphétamine : La dextroamphétamine se présente sous forme de comprimés oraux, de capsules orales à libération prolongée et de solutions orales. Il s'agit d'un médicament générique qui n'a pas de nom de marque.

- Lisdexamfetamine : La lisdexamfétamine se présente sous la forme d'une gélule orale et d'un comprimé à croquer oral. Il n'existe que sous la forme d'un médicament de marque, le Vyvanse.

Les amphétamines se présentent soit sous une forme à libération immédiate, pour être libérées immédiatement dans l'organisme, soit sous une forme orale à libération prolongée, pour être libérées lentement dans l'organisme. Elles sont disponibles sous forme de marques et de génériques. Les noms de marque de ces médicaments sont les suivants

- Adderall XR

- Dexedrine

- Dyanavel XR

- Evekeo

- ProCentra

- Vyvanse

Les stimulants peuvent être très efficaces pour organiser vos pensées et vous aider à rester attentif et concentré. Malheureusement, de nombreuses personnes deviennent facilement dépendantes de l'effet de la drogue sur le cerveau, ce qui leur cause de graves problèmes.

Si vous souhaitez éviter les effets secondaires négatifs des stimulants, en particulier la dépendance, vous pouvez demander à votre psychiatre de vous proposer des non stimulants.

Non-stimulants

Les non stimulants agissent sur le cerveau différemment des stimulants. Bien qu'ils agissent sur les neurotransmetteurs, ils ne le font pas en augmentant les niveaux de dopamine. Ils agissent plus lentement, de sorte que les résultats ne sont pas instantanés. Au contraire, il faut plus de temps pour obtenir des résultats avec ces médicaments.

Si les stimulants ne sont pas efficaces sur vous ou s'ils ne sont pas sûrs pour vous, votre médecin vous prescrira des non-stimulants. Les différents non-stimulants sont les suivants

Atomoxétine (Straterra)

Contrairement aux stimulants qui libèrent davantage de norépinéphrine dans le cerveau, l'atomoxétine (Strattera) bloque la recapture de la norépinéphrine dans le système nerveux. Cela permet à la norépinéphrine d'agir plus longtemps.

Il se présente sous une forme orale à prendre une ou deux fois par jour et est également disponible sous forme générique.

L'atomoxétine a provoqué des lésions hépatiques chez quelques utilisateurs. Soyez attentif aux signes de problèmes hépatiques lorsque vous prenez de l'atomoxétine. En effet, votre médecin contrôlera régulièrement votre fonction hépatique lorsque vous prenez ce médicament.

Les signes de problèmes hépatiques à surveiller sont les suivants :

- Un abdomen gonflé ou sensible.

- Jaunisse (jaunissement de la peau ou des yeux).

- Fatigue.

Guanfacine ER (Intuniv)

La guanfacine est généralement prescrite pour l'hypertension artérielle chez les adultes, mais elle est aussi souvent prescrite pour le TDAH chez les adultes. Il a été démontré qu'elle aide certains adultes à résoudre leurs problèmes de mémoire et de comportement, d'agressivité et d'hyperactivité.

Il est disponible en version générique et en version à libération prolongée appelée Guanfacine ER (Intuniv).

Clonidine ER (Kapvay)

Clonidine ER (Kapvay) réduit l'impulsivité, l'hyperactivité et la distractibilité chez les adultes souffrant de TDAH. Comme la Guanfacine, il existe d'autres formes de clonidine qui sont utilisées pour traiter l'hypertension artérielle chez les adultes. Comme elle abaisse la tension artérielle, vous pouvez vous sentir étourdi lorsque vous la prenez. Clonidine ER (Kapvay) est disponible en tant que marque générique.

Les non stimulants provoquent rarement de l'agitation, de l'insomnie, de la fatigue ou une suppression de l'appétit. Cela s'explique par le fait qu'ils ont un effet plus durable et plus "régulier" que la plupart des stimulants. En général, les stimulants font effet et disparaissent brusquement. Par conséquent, les non-stimulants ne présentent pas le même risque d'abus ou de dépendance. Les non stimulants ont toutefois des effets secondaires.

La clonidine (Kapvay) et la guanfacine (Intuniv) peuvent parfois provoquer des maux de tête, de la somnolence, de la fatigue, de la sédation et des vertiges. Soyez prudent lorsque vous utilisez Clonidine (Kapvay) et Guanfacine (Intuniv) si vous conduisez ou utilisez des machines lourdes, car ils provoquent de la somnolence. L'atomoxétine peut provoquer une perte d'appétit, une perte de poids, de la fatigue, des nausées, des sautes d'humeur et des maux d'estomac. Bien que cela soit rare, l'atomoxétine peut également provoquer une jaunisse et des problèmes hépatiques, des pensées suicidaires, des érections de longue durée et des réactions allergiques graves. En de rares occasions, elle peut provoquer une baisse de la tension artérielle et des modifications du rythme cardiaque.

Votre médecin et vous devez surveiller les effets secondaires de tous les médicaments que vous prenez pour le TDAH. Si les médicaments contre le TDAH ne font pas l'objet d'un suivi attentif, ils perdent beaucoup de leur efficacité et peuvent même s'avérer dangereux et mortels.

Le traitement du TDAH ne doit pas nécessairement prendre la forme de produits pharmaceutiques. Toute action que vous entreprenez pour gérer ou réduire vos symptômes est une forme de traitement. Bien entendu, vous aurez toujours besoin d'une aide professionnelle en cours de route. Par exemple, vous aurez besoin d'une aide psychiatrique professionnelle si vous optez pour une thérapie. Cependant, vous avez toujours la possibilité de choisir les types de traitements que vous souhaitez essayer. N'oubliez pas que vous voulez construire une vie adaptée au TDAH et que les médicaments ne sont qu'un élément de cette nouvelle vie. Les chapitres cinq et six vous apprendront les différentes façons de traiter votre TDAH sans recourir aux médicaments.

Résumé du chapitre

- Une fois le diagnostic de TDAH posé, l'étape suivante de la prise en charge du TDAH est la recherche d'un traitement médical.

- Le traitement vous aidera à mettre fin aux symptômes néfastes du TDAH.

- Chaque forme de traitement du TDAH est un type d'outil différent pour construire une vie adaptée au TDAH qui vous est propre.

- Les stimulants sont les médicaments les plus couramment prescrits pour le TDAH.

- Préparez-vous à passer une période d'essai pour trouver le médicament contre le TDAH qui vous convient.

- Les non-stimulants agissent sur le cerveau différemment des stimulants.

CHAPITRE 5 : QUELLE EST LA QUALITÉ DE LA PRISE EN CHARGE DU TDAH CHEZ L'ADULTE ?

Le TDAH chez l'adulte peut vous rendre la vie très difficile s'il n'est pas traité. En effet, le TDAH a été associé à :

- Le chômage (ou l'inaptitude au travail).

- Mauvais résultats à l'école (au collège) ou au travail.

- Alcool et toxicomanie.

- Mauvaise image de soi.

- Tentatives de suicide.

- Des relations instables et peu satisfaisantes.

- Problèmes financiers.

- Des problèmes avec la loi.

- Accidents de voiture fréquents ou autres accidents.

- Une mauvaise santé physique et mentale.

Comme vous pouvez le constater dans la liste ci-dessus, le TDAH peut vous conduire à des situations très sombres et peu recommandables dans la vie, s'il n'est pas pris en charge. Par exemple, une mauvaise image de soi peut entraîner d'autres troubles mentaux et de l'humeur plus graves, tels que la dépression et une très faible estime de soi.

Lorsque vous souffrez de TDAH, vous pouvez encore vous autoréguler lorsque des comportements, des pensées et des émotions négatives menacent de vous submerger, vous et votre entourage. Grâce à l'autorégulation, vous pouvez maîtriser les comportements les plus autodestructeurs. Voici quelques bonnes façons de s'autoréguler

Pour Focus

- Prenez des notes facilement accessibles pendant les réunions et les conférences. Vous pouvez par exemple prendre des notes manuscrites ou enregistrer toutes vos notes. Par la suite, vous pourrez compléter les détails avant d'oublier.

- Faites de brèves pauses pour éviter de vous ennuyer. Il est plus facile de se concentrer sur des tâches pendant de longues périodes lorsqu'on ne s'ennuie pas. Vous pouvez faire des étirements, préparer un bon repas sain ou faire de l'exercice pour améliorer la santé de votre cerveau.

- Divisez les tâches importantes en tâches plus petites et plus faciles à gérer, qui prennent moins de temps. Récompensez-vous après avoir accompli chaque tâche. Par exemple, un petit bonbon après chaque tâche.

Pour les distractions

- Travaillez dans des endroits où il y a moins de distractions. Si vous êtes au travail ou à la bibliothèque, demandez un espace de travail ou d'étude privé, où il y a peu de distractions ou de bruit.

- Réservez des heures fixes dans la journée pour répondre aux appels téléphoniques et aux courriels. Laissez vos appels sur la messagerie vocale jusqu'à l'heure fixée. De cette façon, vous ne serez pas distrait par les appels ou les retours d'appels téléphoniques tout au long de la journée.

- Utilisez des écouteurs pour étouffer les bruits du bureau. Vous pouvez mettre de la musique douce pour vous aider à rester concentré.

Pour l'organisation

- Automatisez tous vos paiements de factures en ligne. Ainsi, vous n'oublierez pas de les payer.

- Gardez un carnet et écrivez-y vos tâches à faire. Si vous avez un smartphone, conservez une liste de tâches sur votre smartphone. Mettez toujours votre liste de tâches à jour dès qu'une tâche est terminée.

- Enregistrez vos rendez-vous sur votre téléphone et programmez des alarmes de rappel avant l'événement. Si vous disposez d'un calendrier papier, marquez les échéances sur les calendriers comme outil de rappel visible. Vous pouvez également utiliser des planificateurs quotidiens ou des organisateurs de tâches en ligne qui vous aideront à suivre les tâches et les événements.

- Terminez les tâches importantes avant de passer à la suivante. Faites des pauses régulières pendant que vous effectuez des tâches importantes pour vous aider à rester concentré.

- Commencez votre journée par une pratique de la pleine conscience et un étirement rapide pour clarifier et rafraîchir votre esprit. Passez ensuite 20 minutes à organiser vos tâches pour la journée.

- Pour éviter de perdre des objets importants, désignez des endroits spécifiques où placer certains objets importants, comme les clés et les portefeuilles. Prenez l'habitude de placer ces objets dans les endroits désignés afin de ne rien perdre. Essayer de retrouver les objets que vous avez égarés peut vous désorienter encore plus lorsque vous essayez de respecter une routine établie.

- Gardez des blocs-notes dans la maison et autour de votre espace de travail pour y noter les notes importantes. Placez ces notes à des endroits où elles sont très visibles, comme sur la porte du réfrigérateur.

- Si vous utilisez un système de classement au travail ou à la maison, étiquetez tout et codifiez les dossiers ou les onglets par couleur.

Exercices

Faire régulièrement de l'exercice est un excellent moyen de gérer les symptômes du TDAH. L'exercice libère naturellement de la dopamine et de la norépinéphrine, les deux neurotransmetteurs que les médicaments stimulants aident à produire chez les patients souffrant de TDAH à l'âge adulte.

L'exercice physique régulier améliore l'humeur, la mémoire, la concentration, l'attention et la motivation. Outre les niveaux de dopamine et de norépinéphrine, l'exercice physique augmente les niveaux de sérotonine. L'augmentation de ces trois neurotransmetteurs améliore votre concentration et votre attention. L'exercice physique régulier a des effets similaires à ceux des médicaments, sans les effets secondaires. Par exemple, des recherches ont montré que l'exercice physique régulier est aussi efficace que les médicaments prescrits pour soulager les dépressions légères. De même, en brûlant de l'énergie supplémentaire grâce à un exercice régulier, vous pouvez réduire votre niveau d'impulsivité.

Une combinaison d'exercices réguliers et de médicaments vous aidera à réduire considérablement les symptômes négatifs du TDAH. Essayez donc de faire de l'exercice au moins 4 à 5 fois par semaine. Il n'est pas nécessaire d'aller au gymnase pour faire de l'exercice. Une simple promenade de 30 minutes apportera à votre corps et à votre système nerveux central des bénéfices significatifs. Si vous pouvez faire des exercices qui font battre le cœur, comme une course rapide ou des burpees, cela vous aidera aussi. Cependant, choisissez toujours un exercice que vous aimez afin que l'exercice ne devienne pas une corvée pour vous.

Enfin, vous pourriez intégrer la thérapie horticole à vos exercices. La thérapie horticole consiste à utiliser des plantes ou des activités à base de plantes pour se sentir bien. En l'occurrence, il s'agit d'aller se promener dans le parc ou dans les bois ou de faire du yoga en plein air. Nous reviendrons sur la thérapie horticole au chapitre 6.

Dormir

Le sommeil est aussi important que la nourriture, l'eau et l'air pour nous, les humains. Chacun d'entre nous en bénéficie. Lorsque vous souffrez de TDAH, un sommeil de mauvaise qualité a souvent pour effet d'aggraver vos symptômes. Il est important que vous puissiez vous reposer chaque nuit. En améliorant la qualité et la quantité de votre sommeil, vous améliorerez probablement votre attention, votre concentration et votre humeur.

Pour mieux dormir, pratiquez le yoga et la méditation une heure avant de vous coucher chaque jour (voir le chapitre 6 pour une discussion sur la méditation et le yoga en tant que stratégie d'auto-assistance). Cela vous aidera également à respecter une heure de coucher fixe chaque jour. En créant cette routine, vous vous endormirez naturellement à la même heure tous les soirs. Dormez toujours dans une pièce complètement sombre et évitez la caféine pendant l'après-midi et la nuit.

L'un des effets secondaires de votre médicament peut être la difficulté à s'endormir ou à rester endormi. Si vous essayez les méthodes ci-dessus et que vous avez toujours des difficultés, parlez-en à votre médecin.

Manger sainement

L'alimentation alimente notre corps jusqu'à nos cellules. Si vous mangez sainement, vous favorisez la formation de cellules et de tissus sains, ce qui permet à votre corps tout entier de rester en bonne santé. Lorsque vous mangez sainement, vous favorisez également des fonctions corporelles saines.

Pour les personnes atteintes de TDAH, il a été démontré que certains aliments diminuent les symptômes négatifs du TDAH. Manger beaucoup de protéines est bon pour les adultes atteints de TDAH, car les protéines sont remplies d'acides aminés qui aident à créer des neurotransmetteurs. Mangez beaucoup de volaille, de produits laitiers, d'œufs, de poisson, de haricots et de noix. Veillez également à consommer beaucoup de zinc, de magnésium et de fer. Ces vitamines et minéraux sont présents dans les viandes maigres, la volaille, les fruits de mer, le soja, les noix et les céréales enrichies. De même, vous devez consommer beaucoup d'acides gras oméga-3 et de vitamines B. Ils améliorent la vigilance et réduisent les symptômes. Ils améliorent la vigilance et réduisent les symptômes du TDAH. Cela signifie que vous devez consommer beaucoup d'avocats, de saumon, d'huile d'olive, de courges d'hiver, de graines de lin et de légumes verts feuillus. Vous aurez également besoin de beaucoup d'œufs, de lait, de foie (et d'autres abats), de yaourts et de légumineuses. Le ginseng et le ginkgo sont connus comme des "activateurs cognitifs". Ils agissent comme des stimulants sans les effets secondaires des médicaments. Ils réduisent également l'impulsivité et augmentent la concentration.

Évitez à tout prix les aliments transformés, riches en sucre et la caféine. Ils ne font qu'accroître votre hyperactivité et vous rendre agité. Pour la même raison, évitez les colorants alimentaires artificiels et les conservateurs.

Chez un adulte atteint de TDAH, les habitudes alimentaires peuvent refléter le comportement général. Par exemple, vous pouvez être impulsif et hyperactif dans votre façon de manger, parfois sans manger pendant de nombreuses heures, puis vous goinfrer de tout ce que vous voyez autour de vous. Pour gérer le TDAH, vous devez planifier et préparer vos repas avec soin afin de vous assurer que vous recevez autant de nutriments bénéfiques pour le TDAH que possible. Si vous vous privez de nourriture pour ensuite vous gaver d'aliments malsains, vous aggravez les symptômes du TDAH ainsi que votre santé émotionnelle et physique. Il est préférable de planifier vos repas comme vous planifiez les autres tâches de votre vie. De cette façon, vous serez sûr d'avoir un apport suffisant en nutriments à intervalles réguliers.

Résumé du chapitre

- Le TDAH peut vous rendre la vie très difficile s'il n'est pas traité.

- Le TDAH, lorsqu'il n'est pas pris en charge ou traité, peut également nuire considérablement aux personnes qui vous entourent et leur causer de graves problèmes.

- Faire régulièrement de l'exercice est un excellent moyen de gérer les symptômes du TDAH.

- L'exercice physique régulier améliore l'humeur, la mémoire, la concentration et la motivation.

- Pour mieux dormir, pratiquez le yoga et la méditation une heure avant
  de vous coucher chaque jour.

- Il a été prouvé que certains aliments diminuent les symptômes négatifs
  du TDAH.

CHAPITRE SIX : STRATÉGIES D'AUTO-ASSISTANCE ET STRATÉGIES ALTERNATIVES POUR LA GESTION DU TDAH CHEZ LES ADULTES

Outre les traitements médicaux, vous pouvez bénéficier de stratégies d'auto-assistance et de stratégies alternatives pour gérer votre TDAH chez l'adulte.

Thérapie horticole/jardinage

Il a été scientifiquement prouvé que le jardinage et la thérapie horticole augmentent la concentration, calment l'esprit et améliorent la santé émotionnelle, physique et mentale.

Si vous ne pouvez pas avoir de jardin, peut-être pour des raisons d'espace ou de mobilité, vous pouvez planter quelques cultures dans la maison, dans des suspensions et des pots placés sur les rebords de fenêtres et les tables. Cela produira les mêmes effets que le jardinage. N'oubliez pas que la thérapie horticole ne se limite pas à la culture et à l'entretien des plantes. Il s'agit aussi d'être au milieu des plantes et même des animaux et de la nature. Visiter une ferme ou s'asseoir sur la plage près des arbres pour écouter la brise de l'océan produira le même effet calmant.

Méditation de pleine conscience et yoga

Il a été prouvé que la méditation de pleine conscience et les exercices qui favorisent la pleine conscience et la relaxation, comme le yoga, aident à débarrasser l'esprit des occupations inutiles, du stress et de l'hyperactivité. Ces techniques vous aident à activer la réaction naturelle de relaxation de votre corps et à inverser l'effet du stress que votre TDAH peut avoir sur vous. De même, elles réduisent les symptômes de l'anxiété et de la dépression.

D'autres formes d'exercices et d'étirements qui favorisent la pleine conscience et la relaxation, comme le tai-chi et les exercices rythmiques tels que la danse, la course à pied et la natation, sont tout aussi bénéfiques. Enfin, vous pouvez vous auto-masser régulièrement pour déclencher la réaction de relaxation dans votre corps. Les stratégies d'auto-assistance, bien qu'efficaces, donnent de meilleurs résultats lorsqu'elles sont associées à un traitement médicamenteux ; il ne faut donc pas compter uniquement sur les techniques de gestion du TDAH comme traitement.

Thérapie

Vous pouvez consulter un psychologue spécialisé dans le TDAH pour une thérapie et une thérapie cognitivo-comportementale. La thérapie cognitivo-comportementale est une thérapie qui vise à modifier vos schémas cognitifs, émotionnels et comportementaux afin de vous apporter une meilleure santé et une vie plus heureuse. Les professionnels de la santé mentale sont hautement qualifiés pour vous aider à acquérir de nouvelles compétences qui vous aideront à faire face à vos symptômes et à changer les habitudes qui vous posent problème.

Les adultes atteints de TDAH sont souvent confrontés à des problèmes émotionnels et psychologiques et à la souffrance causée par leurs symptômes. Par exemple, les personnes atteintes de TDAH sont souvent confrontées à des difficultés scolaires et professionnelles, à des échecs, à un taux élevé de rotation du personnel et à des conflits relationnels. Ces problèmes peuvent être à l'origine d'une faible estime de soi, de honte, de ressentiment et d'un sentiment d'indignité développé après des années de critiques de la part d'êtres chers. Une thérapie peut vous aider à parler de cette douleur et à apprendre d'autres stratégies pour y faire face. Vous pouvez également consulter un conseiller conjugal et familial et suivre une thérapie si votre TDAH est à l'origine de problèmes importants dans votre mariage et/ou vos relations familiales.

Organisateurs professionnels

Si votre TDAH vous empêche de profiter de la vie en raison de votre désorganisation, vous pouvez faire appel à un organisateur professionnel pour vous aider à gérer cet aspect de votre vie. Un organisateur professionnel vous aidera à développer un système d'organisation efficace à la fois à la maison (et dans votre vie personnelle) et sur votre lieu de travail. Il vous apprendra également à gérer votre temps et à organiser votre vie de manière efficace en utilisant des méthodes adaptées au TDAH.

Résumé du chapitre

- Il a été scientifiquement prouvé que le jardinage et la thérapie horticole améliorent les symptômes du TDAH.

- La méditation de pleine conscience et les exercices qui favorisent la pleine conscience sont bénéfiques pour améliorer les symptômes du TDAH.

- Vous pouvez consulter un psychologue spécialisé dans le TDAH pour une thérapie et une thérapie cognitivo-comportementale afin de vous aider à parler de la façon dont le TDAH affecte votre vie, et il vous aidera à développer des stratégies pour vous aider à gérer vos symptômes.

DERNIÈRES PAROLES

Félicitations ! Vous avez réussi ! En lisant ce livre, vous avez fait un premier pas important vers la guérison à vie.

Bien qu'il puisse être difficile d'être atteint de TDAH chez l'adulte, vous disposez maintenant de plus d'informations sur la manière dont le TDAH est diagnostiqué et sur les méthodes de traitement que vous pourriez envisager. Vous devriez maintenant avoir une bonne compréhension des options de traitement qui s'offrent à vous (à la fois médicales et traditionnelles) et vous sentir bien informé sur la manière dont le TDAH peut être pris en charge chez les adultes. Enfin, vous êtes maintenant armé de stratégies alternatives et d'auto-assistance pour gérer votre TDAH, y compris des faits essentiels sur la psychologie nutritionnelle et la façon dont l'alimentation peut réduire naturellement vos symptômes.

N'oubliez pas de toujours consulter un professionnel pour obtenir un diagnostic officiel avant d'entamer un plan de traitement. Rappelez-vous également que le fait d'avoir un TDAH n'est pas une mauvaise chose - cela signifie simplement que votre cerveau est câblé un peu différemment de celui de la plupart des gens. Enfin, merci d'avoir pris le temps de lire ce livre. J'espère qu'il a répondu à certaines de vos questions et qu'il vous a éclairé sur la voie à suivre !

www.ingramcontent.com/pod-product-compliance
Lightning Source LLC
Chambersburg PA
CBHW070811120626
46557CB00002B/805